AF498056

NOTICE

DES

TABLEAUX ET FIGURES

EXPOSÉS

AU MUSÉE DE BORDEAUX.

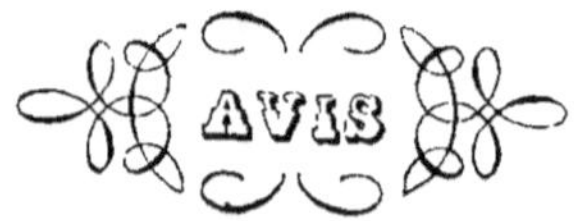

Les jours d'entrée pour le public sont le dimanche et les jours fériés, depuis 10 heures du matin jusqu'à 3 heures; les autres jours, excepté le lundi et le samedi, sont réservés pour le travail des artistes et des amateurs qui s'occupent à l'étude des beaux arts. Les étrangers sont admis sur la présentation de leur passeport.

Le lundi et le samedi le Musée est généralement fermé pour qu'on puisse nettoyer toutes les salles et faire les arrangements ou déplacements qui sont souvent nécessaires.

———

Les personnes qui entreraient au Musée avec des cannes ou des parapluies, etc., sont priées de les déposer entre les mains de la personne préposée pour recevoir ces objets.

NOTICE

DES

TABLEAUX ET FIGURES

EXPOSÉS

AU MUSÉE DE BORDEAUX.

ALLAUX (J. P. Paul), de Bordeaux.
1. *Vue prise de Florac.* — 341.

ALBAN, de Bordeaux.
2. *Intérieur d'une cour de roulage, à Paris.* — 342.

ALBANE (François), né à Bologne en 1578,
mort dans la même ville en 1660.
3. *Vénus et Adonis.* (Répétition dûe à l'Albane même
ou retouchée par lui). —52.

ANDRE DEL SARTO, né à Florence en 1488, mort de la peste en 1550.

4. *La Vierge et l'Enfant Jésus, écoutant Saint-Jean qui leur est présenté par Sainte-Elisabeth.* —53.

NOTA. André fut d'abord destiné à l'orfévrerie ; il étudia le dessin sous Gio Barile, sculpteur en bois, et la peinture chez Pietro di Cosimo ; — il se perfectionna dans le dessin en copiant les cartons de Michel-Ange et ceux de Léonard de Vinci. Comme Léonard, il vint en France sous le règne de François 1er ; mais étant éloigné de sa femme, l'amour et la jalousie le rappelèrent à Florence.

L'ALLEMANT, né à Rheims en 1629, mort en 1716.

5. *Grand paysage attribué à cet artiste, et où se trouve représentée la Fuite en Egypte,* — 45.

ANSIAUX (J.-J. E. A.), de Liège ; élève de Vincent.

6. *Louis XIII remet au Poussin le brevet de premier peintre ; — l'artiste est présenté au roi et à la reine par le cardinal de Richelieu. — Le tableau du Poussin exposé devant sa majesté est connu sous le nom de Testament d'Eudamidas.* —67.

ARTOIS (JACQUES JEAN VAN), né à Bruxelles en 1613 et mort dans sa patrie en...

7. *Paysage avec fabrique où il y a des bohémiens.* —75.

8. *Paysage dans lequel sont des Paysans. (Pendant du précédent.)* —76.

ALIEUSE.

9. *Adoration des Mages.* — 77.

ASSELYN (Jean), né en Hollande vers 1610, mort à Amsterdam en 1660, élève d'Isaac Van Ostade.

10. *Une vache dans un petit paysage.* — 74.

AUTEURS INCONNUS.

11. *Portrait d'un Juge.* — 377.

12. *Un homme qui écrit.* — 378.

Nota. Ces deux portraits proviennent de l'ancienne académie de peinture de Bordeaux.

BACKUISEN (Ludolf ou Louis), né à Embden en 1631, mort à Amsterdan en 1709; élève de Van Everdingen.

13. *Marine; un phare sur le côté.* — 90.

14. *Marine; tempéte.* — 91.

15. *Marine; calme.* (Pendant du tableau précédent) — 92.

BALAT, né et mort à Bordeaux, élève de M. Lacour fils.

16. *Un des fils de l'Hercule Scytique tendant l'arc de son père.* (Tableau de concours.) — 372.

BASSANO (Jacopo da Ponte, dit le Bassan), né en 1510, mort en 1592.

17. *Sortie de l'arche.* — 1.

18. *Jésus entre Marthe et Marie. Le peintre a placé sur une table des viandes, du thon, des perdrix, des légumes, etc., etc.* — 32.

Il existait autrefois un double de ce tableau dans la collection appartenant à M. Goëtals père.

19. *Des anges annoncent la naissance de Jésus.* (Copie par un des fils du Bassan.) — 101.

BEGA (Corneile) , né à Harlem , mort en 1664.

Son père se nommait Pierre Beguin ; le fils changea de nom pour se distinguer de son père dont il avait à se plaindre , et ne pas l'illustrer par ses talents. Bega était amoureux d'une jeune fille qu'il continua de voir quoiqu'elle fut attaquée de la peste: la mort frappa l'amant et la maîtresse du même coup.

20. *Une paysan caresse une femme assise sur ses genoux. — 84.*

BEICH (Joachim-François), né à Ravembourg en Souabe en 1665 , mort à Munich en 1748.

21. *Une marine.* (Attribuée à Jean Weenix. — 106

BERGERET , de Bordeaux , élève de Vincent et de David.

22. *Charles-Quint ramassant le pinceau du Titien. — 407.*

Nota. Tableau donné à la ville , par testament de M. le docteur Dutrouilh , en 1847. (Voyez la note sur le Titien, après le n.º 359.

BERGHEM (Nicolas), né à Harlem en 1624 , mort dans la même ville en 1683.

Berghem d'un caractère doux et timide , eut le malheur d'épouser une femme excessivement avare qui s'emparait de tout l'argent et ne laissait au pauvre peintre aucun moment de repos; elle se mettait dans une chambre, au-dessous de lui, et frappait souvent au plancher pour l'empêcher de s'endormir et l'animer au travail.

23. *Un paysage dans lequel on voit une bergère qui trait une vache.— 107·*

BERNASCONI (Laura) , romaine, élève de Mario Nuzzi, appelé Mario di Fiori.

24. *Une forêt ; sans figures. —* 96.

25. *Autre forêt.* (Pendant du tableau précédent).—97.

BIAGIO (LOMBARDO), de Venise, vivait 1648.

26. *Paysage, soleil levant. —* 98.

BIBIENA (FERDINAND), né à Bologne, en 1657, mort dans la même ville en 1745 ; son nom de famille était GALLI.

27. *Intérieur d'un temple avec figures. —* 110.

Il a composé deux livres d'architecture, et l'on a gravé d'après lui un recueil de perspective et de décoration de théâtre.

BOLOGNINI (GIOVANI BATTISTA), né à Bologne, en 1612, mort en 1689.

28. *La Peinture personnifiée, —* 94.

BONAVENTURE (PÉTERS) , né à Anvers , en 1614 , mort dans la même ville en 1652.

29. *Une tempête.—* 87.

30. *Marine ; petite flotille. —* 88.

31. *Autre marine ; calme. —* 89.

BON BOULLONGNE (LOUIS), né à Paris, en 1649, mort dans la même ville en 1717.

32. *Portrait d'un prince légitimé, fils de Louis XIV. —* 93.

BORDONE (PARIS), né à Trévise, en 1465, mort à Venise en 1540 ; d'autres le font naître en 1500 et mourir en 1570.

Il vint en France sous François Ier.

33. *Portrait d'un noble vénitien.—* 102.

BOTH (Jean , appelé Both d'Italie), né à Utrecht vers l'an 1610, mort dans la même ville en 1650.

Both et son frère André furent élèves d'Abraham Bloémaert, ils travaillèrent ensemble ; firent leurs études, leurs voyages et leurs tableaux ensemble ; André périt dans un canal, en revenant chez lui le soir, et Jean mourut pareillement dans l'eau la même année.

34. *Un paysage ; vue d'Italie ; soleil couchant.* —109.

BOULANGÉ (Clément).

35. *Portrait de M. Donnet, archevêque de Bordeaux.* (Donné par l'auteur.) — 396.

36. *Les vendanges du Médoc.* (Donné par le gouvernement). — 397.

BOUMIEUX.

Tête de jeune femme. (Manière de Greuze). —81.

Le BOURGUIGNON (Jacques Courtois, dit), né à St-Hippolyte, en Franche-Comté, en 1621, mort à Rome en 1676.

Soupçonné d'avoir empoisonné sa femme, il prit l'habit de Jésuite et orna la maison dans laquelle il fut reçu de plusieurs beaux tableaux ; il a écrit plusieurs ouvrages relatifs à la peinture.

37. *Engagement entre des turcs et des chevaliers de Rhodes.* — 78.

38. *Choc de cavalerie.* — 79.

BOUT (Pierre) et BAUDOUIN , tous deux Flamands ; travaillaient ensemble.

Bout faisait les figures dans les paysages de Baudouin.

39. *Port de mer ; vente de poisson.* — 82.

40. *Fête villageoise dans des ruines.* (Ce tableau est le pendant du précédent.) — 83.

BONZEL, de Parme.

41. *Lièvres, bécasses et Pigeons.* — 95.

BRASCASSAT, de Bordeaux.

42. *Le sanglier de Calydon* (Paysage historique). — 70. — Tableau de concours et sur lequel l'auteur obtint son admission à l'académie des Beaux-Arts, à Rome.

BRAUWER (ADRIEN), né à Oudenarde en Flandre, ou selon d'autres à Harlem, en 1608, mort à Anvers en 1640 ; son nom s'écrit aussi BRAUR ou BROWER.

Ce peintre travaillait souvent dans les tabagies, il était dans toutes les querelles d'ivrognes, et exposé à toutes les aventures qui viennent à la suite de la débauche crapuleuse. — Rubens donna 600 florins d'un de ses tableaux.

43. *Des fumeurs et des joueurs près d'une table et du feu; dans le fond, on voit une servante qui tire de la bierre d'un baril.* — 80.

BREEMBERG (BARTHOLOMÉ), né à Utrecht, vers 1620, mort en 1660.

44. *Intérieur d'une caverne habitée par des bohémiens.* — 48.

45. *Foire dans une ruine,* — 108.

BRENGEL, dit de Naples, (ABRAHAM), né à Anvers, en 1672.

46. *Un vase plein de fleurs et de fruits.* — 104.

47. *Autre.* (Pour pendant). — 105.

BREUGEL (JEAN), dit Breugel de Velours, né à Bruxelles vers 1575 ; on croit qu'il mourut en 1642.

48. *Une rosière.* — 103.

BRIAN, peintre bordelais, élève de M. Lacour père.

Il a travaillé en Italie où il accompagna en....., M. de Lilleferme père, ainsi que les architectes Godefroy et Bonfin ; il se fixa à Toulouse où il est mort,

49. *Paysage ; vue d'Italie.* — 366.

BRIL (PAUL), né à Anvers, en 1554, mort à Rome en 1626.

Annibal Carrache se plaisait à faire quelquefois les figures des tableaux de Bril. (Voyez le n° 64.)

50. *Une ferme pillée par des brigands.* — 85.

BRUKENBURG (REINIER), né à Harlem en 1649.

51. *Estaminet hollandais; orgie d'hommes et de femmes.* — 86.

BRIZÉ (CORNEILLE).

52. *Un corps-de-garde rempli d'armes : avec trois figures dans le genre de Palamède.* —100.

BRONZINO (AGNOLO, dit LE BRONZIN), né en Toscane vers 1501, mort à Florence vers 1670.

53. *Portrait d'une princesse de la famille des Médicis* — 99.

LE BRUN, de son école ou de Verdier.

54. *Une Nymphe poursuivie par un fleuve.* — 51.

BRUNE (Mme A**imée**), née Pagès.

55. *Moïse exposé sur les bords du Nil, et sauvé par la fille de Pharaon. — 72.*

BUNEL (J**acob**), né à Blois en 1558, mort en...

Bunel était calviniste, et un trait de faiblesse superstitieuse assez remarquable, c'est qu'il refusa de peindre la figure de la Vierge ; la Fosse fut obligé de s'en charger.

56. *L'assomption de la Vierge. — 33.*

BURGADE (L**ouis**), de Bordeaux.

57. *Une marine, dite sur un précédent Catalogue. vue d'Alger. — 343.*

Le CALABRESE (M**attia-Preti**, dit), né à Taverna, dans le royaume de Naples, en 1615 ; mort à Malte en 1699 ; élève de Lanfranc.

58. *Un homme jouant de la guitare. — 127.*

CARAVAGE (M**ichel-Ange** de), né au château de Caravagio, dans le Milanais, en 1569, mort en 1609.

Le caractère méprisant, satyrique et querelleur du Caravage s'opposa toujours à son bonheur ; il vécut sans amis, et mourut sans secours sur un grand chemin.

59. *Le couronnement d'épines. — 2.*

60. *Saint Jean dans le désert. — 3.*

CARPIONI (G**iulio**), né à Venise, en 1611, mort à Vérone en 1676 ; élève d'Alexandre Varotari.

61. *Bacchus entouré de Bacchantes. — 116.*

62. *La fête de Sylène (pendant du précédent).—117.*

63. *Bacchanale d'enfants, devant une statue de Priape. —* 118.

CARRACHE (Annibal), né à Bologne, en 1560, mort en 1609.

Annibal Carrache possédait la mémoire des yeux aux suprème degré, et saisissait la ressemblance d'une personne au premier coup-d'œil. Un jour, ayant été volé en chemin avec son père, sans pouvoir se défendre; il alla porter sa plainte chez le juge, il dessina les voleurs et les fit arrêter sur les portraits qu'il traça.

64 *S*ᵗ*-Jérôme étudiant dans le désert, effet de nuit; le paysage est peint par Paul Bril. —* 419.

CASANOVA, né à Londres, en 1752 ; élève de Mengs.

Casanova avait été lié avec Winkelmann, mais croyant avoir sujet de se plaindre de ce savant, il résolut de se venger en l'attaquant par l'endroit le plus sensible chez un archéologue, c'est à dire en rendant suspecte la finesse de tact dont il aimait à se glorifier. Il fit donc quelques tableaux dans lesquels il imita le goût des peintures d'Herculanum, il fit avertir Winkelman sous main, qu'on venait de faire d'importantes découvertes en fait de peinture..... Winkelman donna entièrement dans le panneau, et fit de ces peintures une description emphatique, qu'il inséra dans la première édition de l'*Histoire de l'Art.*

65. *Une reconnaissance de Cavalerie. —* 112.

CASTELLI (Valerio), né à Gènes, en 1625 ; mort dans la même ville en 1659.

66. *La Musique personnifiée sous la figure d'un enfant. —* 122.

67. *La Peinture personnifiée de la même manière.* 123.

CASTIGLIONE (Giovanni Benedetto), né à Gênes, en 1616, mort à Mantoue en 1670.

68. *Cyrus découvert par une bergère.* — 120.

69. *Marche d'animaux , conduits par une femme montée sur un cheval blanc.* — 121.

CAVEDONE (Jacques), né à Sassuelo dans le duché de Modène, en 1580, mort à Bologne en 1660.

70. *Hérodiade portant la tête de St-Jean.* — 119.

CELESTI (le chevalier Andréa), né à Venise, en 1637 ; mort en 1700.

71. *Plusieurs bacchantes et satyres réunis.* — 124.

72. *Jael et Sisera.* — 125.

CERQUOZZI (dit Michel-Ange des Batailles, né à Rome en 1602, mort dans la même ville en 1660.

73. *Une embuscade de Voleurs.* — 115.

Nota. Ce tableau est attribué dans les précédents catalogues à Savery, (Roland).

CHAMPAGNE (Philippe de) , né à Bruxelles, en 1602, mort en 1674:

74. *Le Songe de Joseph époux de la Vierge.* — 4.

CIGOLI ou **CIVOLI** (le chevalier Ludovico Lardi ou Cardi), né au château de Cigoli, en Toscane en 1559, mort en 1615.

Cigoli partageait son temps entre la peinture la poésie et la musique; comme peintre il fut membre de l'Académie de peinture de Florence, et comme poète il obtint une place dans l'Académie de la Crusca.

75. *Le denier de Cesar.* — 126.

LE CLERC de Nancy (ou le CLÈRE, élève de Bon-Boulongue), mort en 1635, il séjourna particulièrement en Italie.

76. *Atropos.* — 416.

COOSEMAN (de l'Ecole Flamande).

77. *Guirlande de fruits.* — 113,

CORNEILLE (MICHEL), né à Paris, en 1642 ; mort en 1708.

78. *Le Baptême de Constantin.* — 5.

CORTONE (PIÈTRO BERRETTINI DE), né à Cortone, en 1596, mort à Rome en 1669.

Il se distingua également comme architecte.

79. *La Vierge et l'enfant Jésus.*—34; (voy. 276 et 277)

COURT.

80. *Le portrait de Henri Fonfrède.* — 398.

Donné au musée de la Ville, par l'auteur.

COYPEL (NOEL), né à Orléans, en 1628, mort à Paris en 1707.

81. *Allégorie dont le sujet paraît être la Sainte-Epine.* — 6.

GRAYER (GASPARD DE), né à Anvers, en 1582, mort à Gand en 1666 ou 1667.

82. *L'adoration des Bergers.* — 35.

CUYP (ALBERT), né à Dortrecht, en 1606 ou
1609.

83. *Espèce de grange ou de grenier, où sont plusieurs paysans flamands qui s'amusent à jouer
et à boire.* — 114.

DAL SOLE (JOSEPH), né en 1654, mort en 1719.

84. *Figures allégoriques sur l'étude de la peinture.
dans un grand paysage.* — 135.

D'ARPINO (GIUSEPPE-CÉSARE, dit LE CHEV. D'ARPIN.)

85. *Jésus lavant les pieds des apôtres.* — 136.

DEDREUX (DORCY).

86. *Bajazet et le Berger.* — 54.

Bajazet vient de perdre son fils tombé sous le fer
de Tamerlan, le chagrin qu'il en éprouve et le pres-
sentiment de sa défaite prochaine ont jeté le dé-
couragement dans son âme ; suivi de ses bataillons
et de quelques chefs tremblans en sa présence :

.... « Tout à coup ; d'un côteau voisin

» Il entend les accents de la flûte champêtre ;

» Il s'arrête un moment ; il écoute , et soudain

» Il s'approche. Un berger assis au pied d'un hêtre.

» Bornant à son troupeau ses soins et ses plaisirs ,

» Egayait en chantant ses innocents loisirs ,

» Sans songer si l'Asie allait changer de maître.

» Le monarque immobile observait le pasteur ;

» Hélas ! l'infortuné contemplait le bonheur.

DEDREUX (ALFRED).

87. *Portrait équestre de S. A. R Monseigneur le
duc d'Orleans.* — 73.

DEHEEM (Jean-David), né à Utrecht, en 1604, mort à Anvers en 1674.

88. *Vase d'argent sur une table, du linge, une rose. et une pipe.* — 134.

DELACROIX (Eugène).

89. *Un Lion, esquisse.* — 400.

90. *Un Arabe, esquisse.* — 401.

Donnés à la Ville, par le général De Lacroix, frère de l'auteur.

Mme DESPERIERS.

91. *Portrait en pied de S. A. R. Mme la duchesse d'Angoulême.* — 403.

DIEPENBECK (Abraham), né à Bois-le-Duc, vers 1620, mort à Anvers en 1675.

92. *Jupiter enlevant Ganymède.* — 138.

Nota. L'Aigle est de Sneyders.

DORIGNY (Louis), né à Paris, en 1654, mort en 1774.

Nota. Il y a un autre Dorigny (Michel), mort en 1665, natif de Saint-Quentin et disciple de Vouet.

93. *Susanne au bain, surprise par les vieillards.* — 137.

DURAND-BRANGER (Henri)

94. *Combat de la frégate le Niemen, armée à Bordeaux, en 1809.* — 399.

Tableau donné par l'Auteur.

DUBOIS DRAHONET.

95. *Portrait en pied du duc de Bordeaux.* — 405

DIETRICH (Christien-Guillaume-Ernest) , né à Weymar, en 1712 , mort à Dresde en 1774.

96. *Repos en Egypte ; des anges sur des nuages ré- pandent des fleurs sur la sainte famille , com- posée de l'enfant Jésus, de la Vierge, de St Joseph, Ste Anne et St Jean.* — 128.

97. *Paysage ; pays montagneux ou l'on voit un champ de blé.* — 129.

98. *Vue de Saxe.* — 130.

99. *Autre Idem.* — 131.

100. *Autre Idem.* — 132.

101. *Autre Idem.* — 13?.

Ces quatre tableaux sont pendants.

DURAND , de Bordeaux , était élève de M. La- cour fils.

102. *Intérieur de son cabinet.* — 344.

Ecole **FLAMANDE.**

103. *Un portrait, forme ovale.* — 9.

104. *L'adoration des Anges à la Crèche.* — 36.

105. *Petite marine, la pêche.* — 155.

106. *Autre marine, le retour.* — 152.

107. *Paysage.* — 153.

108. *Autre paysage.* — 154.

109. *Marine.* — 155.

Nota. — Elle est signée J. Van Beccard.

110. *Autre marine.* — 156.

Ecole **ITALIENNE.**

111. *Tête d'Homme coiffée avec un bonnet à poil.* — 10

112. *Tête de St Pierre.* — 104.

Manière de Lanfranc.

113. *Vénus endormie.* — 387.

Donné par M. F. Lucie Doucet.

ECOLE **FLORENTINE.**

114. *La toilette d'Agraule ou Hersé.* — 418.

ECOLE **VENITIENNE ou de PAUL VERONESE.**

115. *Une sainte famille.* — 11.

116. *Sainte famille, une sainte présente des fleurs à Jésus.* — 37.

117. *Portrait d'une jeune femme de la famille Giustiniani.* — 148.

ECOLE DU GUIDE.

118. *Une mère de douleur.* — 149.

119. *Portrait d'homme.* — 150.

ECOLE DU CORREGE.

120. *Vénus endormie et deux satyres.* — 147.

Ce tableau est placé sous le nom de Titien dans un catalogue imprimé. Dans un premier catalogue manuscrit il était attribué au Corrège même.

ECOLE DE FERDINAND BOL, élève de Rembrant.

121. *Abraham et ses serviteurs.* — 7.

122. *Apollon et Marsyas.* — 8.

ECOLE DE TENIERS.

123. *Un paysage, le départ.* — 157.

ECOLE ESPAGNOLE.

124. *La Vierge, Jésus et St-François.* — 371.

ECOLE DE Me. LEBRUN.

125. *Hébé, déesse de la jeunesse.* — 388.

Fait partie des tableaux donnés à la ville par M. F. Lucie Doucet.

ELLIGER (Otto Ottmar), né en Hollande en 1655.

126. *Un jeune guerrier dans le temple des Arts, entre Mars et Minerve.* — 144.

ERCOLINO DI GUIDO (de Maria Ercole dit), né dans le Bolonais, mort jeune, vers le temps d'Urbain VIII.

127. *Vénus endormie, elle tient une flèche.* — 145.

EVERDINGEN (Albert Van), né à Alemaert, en 1621, mort dans la même ville en 1675.

128. *Esquisse d'un paysage , montagnes près des côtes d'une rivière.* — 143.

EYSER (Chevalier).

129. *Un berger et une bergère jouant avec un oiseau.* — 139.

130. *Un berger et une bergère, pendant du tableau précédent.* — 140.

131. *Danse de Villageois.* — 141.

132. *Villageois assis autour d'un arbre.* — 142.

FARINATO Degli Uberti (Paolo), né à Vérone, en 1522, mort dans la même ville en 1606.

133. *Venus assise et deux amours.* — 161.

Mme FEYTAUD.

134. *Etudes d'après des ramoneurs.* — 351.

FLAMINIO TORRE, né à Bologne, en 1621,
mort à Modène en 1661.

135. *Une tête représentant St-Jérôme.* — 160.

FLIUSKO.

136. *Paysage avec figures.* — 162

FOUQUIERES (JACQUES), né à Anvers, en 1580,
mort à Paris et misérable en 1659:

137. *Des voleurs dépouillent une femme à la sortie
d'un bois.* — 167.

Fouquières venu en France en 1621, fut présenté
à Louis XIII , qui l'employa dans ses maisons
royales, et lui donna même des lettres de noblesse.
Cette distinction le rendit si fier, qu'il ne peignait
plus que l'épée au côté; il en vint enfin jusqu'à
dédaigner le travail, dans la crainte de déroger.
Cette vanité mal entendue du baron Fouquières,
ainsi qu'il était appelé par le Poussin, avec lequel
il eut des démêlés qui engagèrent ce grand homme
à retourner en Italie; cette vanité, dis-je, rendit
Fouquières si misérable qu'il fut obligé de se retirer
au faubourg Saint-Marceau, chez un homme de
l'art, qui le logeait gratuitement.

FRANCESCHINI (BALTHAZAR dit le VOLTERANO),
mort en 1689.

Il laissa de grands biens.

138. *Apollon et Marsyas.* — 163.

139. *Moïse devant Pharaon.* — 164.

140. *L'Apothéose d'Ovide.* — 165.

FRANCESCO FRANCIA (dit FRANCESCO-RAIBOLINI

141. *Le Christ en croix et deux anges* — 159.

FRANCK (François) , le jeune, né à Anvers, en 1580, mort en 1642.

142. *Les différentes manières de parvenir à l'im mortalité.* — 158.

143. *Le Christ sur le Calvaire.* — 373.

144. *Même sujet.* — 374.

FYT (Jean), né à Anvers, existait en 1642.

145. *Un chien, du gibier et attributs de chasse.* — 166

GALARD (Gustave de) père, mort à Bordeaux, en

146. *Une vue de La Teste.* — 345.

GALARD (Georges de) fils, né et mort à Bordeaux

147. *Etude d'après un ramoneur.* — 346.

GAMELIN , né à Carcassonne, mort à Narbonne, en 1804.

148. *Socrate buvant la ciguë.* — 169.

149. *Départ d'Abradate pour le combat.* — 170.

150. *Mort d'Abradate.* — 171.

GEDAM , peignait en 1613.

151. *Saint-Jérôme, lisant.* — 376.

GELÉE (Claude , dit Claude-Lorrain), né en 1600 dans le diocèse de Toul, au château de Champagne en Lorraine, mort à Rome en 1682.

152. *Paysage où l'on voit des bergers qui causent près des ruines d'un temple entouré d'arbres.* — 178.

GERARD HONDHORST , peintre Hollandais , mort en 1668.

153. *Magdelaine pénitente.* — 370.

GENNARI (Benedetto), fils et élève du Guerchin

154. *Une tête représentant Saint-Pierre.* — 172.

GIBERT , de Bordeaux.

155. *Un Clam ou chef écossais.* — 347.

GIGOUX (Jean).

156. *Le baptême de Clovis.* — 415.
Tableau envoyé par le gouvernement en 1848.

GINTRAC (Louis), de Bordeaux.

157. *Paysage, un chasseur à l'affut.* — 348.
158. *Habitants des Landes.* — 349.
159. *Moines visitant un de leurs confrères.* — 350.

GIORGION (Giorgio-Barbarelli, dit le Giorgione), c'est-à-dire le Fanfaron , né à Castel-Franco dans le Trévisan , en 1478 , mort à Venise en 1511.

Giorgion introduisit à Venise la coutume de peindre les dehors des maisons et d'y représenter des allégories ou des sujets mythologiques ; il commença par sa maison, pour servir d'exemple et ce moyen lui réussit. Cet usage passa dans le reste de l'Italie, où il n'est pas entièrement abandonné.

160. *Tête d'Esclavon.* — 173.

GOVAERTS , 1617.

161. *Grand et beau paysage, que sans la signature on pourrait attribuer à Bloemaert ou à Connixloo.* — 414.

GUDIN (T.).

162. *Trait de dévouement du capitaine Desse, de Bordeaux, envers le Colombus, navire Hollandais, en 1822.* — 68.

GUÉ , né à..., mort à Paris en 1845 , élève de Lacour père.

163. *La mort de Patrocle.* — 369.

LE GUERCHIN (J. F. BARBIERI , dit GUERCINO , le louche), né à Cento, près de Bologne en 1590, mort à Bologne en 1666.

164. *Saint-Bernard recevant sa règle de la Vierge, pour l'abbaye de Clairvaux.* — 13.
Copie ancienne.

165. *Bertholde couvant les œuf de l'oie.* — 174.

NICOLAS GUILLAUME (GUILLAUME NICOLLA), artiste bordelais, florissait en cette ville en 1469, date du tableau.

166. *La Vierge tenant sur ses genoux son fils mort,*
à droite et à gauche sont Ste-Barbe, St-Siméon,
St-Sébastien, St-André et Ste-Catherine. —380
Ce tableau provient de l'église Ste-Croix , son cadre contient une inscription dégradée et en caractères gothiques.

GUIDE (GUIDO-REMI) ; né à Bologne , en 1575 , mort en 1642.

Elève de Denys Calvart, comme l'Albane , le Dominicain , et qu'il quitta à l'âge de 20 ans pour passer, comme ceux-ci, dans l'école des Carraches.

167. *Le ravissement de Ste-Magdelaine.* — 168.

GRANGER , élève de David.

168. *Ganimède.* — 57.
Ce tableau a été peint à Rome, en 1811.

GRIFFIER (Jean), d'Utrecht, né 1658, mort vers 1724.

169. *Une vue du Rhin.* — 176.
170. *Autre Idem.* — 177.

GRIMOUX (Jean), né à Romont canton de Fribourg, en 1680, mort à Paris en 1740.

171. *Une joueuse d'instruments.* — 383.
172. *Une Cuisinière.* — 384.
173. *Un Capucin.* — 385.
174. *Un jeune pélerin* — 386.

Ils font partie des tableaux donnés à la ville en 1809, par M. Fançois-Lucie Doucet, de Nantes.

GROS (Antoine Jean), élève de David, né à Paris, en 1771, mort à Meudon en 1835.

175. *S. A. R. Madame, duchesse d'Angoulème, sembarquant à Pauillac, le 1ᵉʳ Avril 1825.* — 61.

HEIM, de Paris, élève de Vincent.

176. *Arrivée de Jacob en Mésopotamie.* — 55.

HERMAN (Swanefeld, dit Herman d'Italie), né vers 1620, mort à Rome.

177. *Vue d'Italie; un homme priant devant une chapelle.* — 180.

HOBBEMA (Meinden de), peintre d'animaux, né en Hollande vers 1650, élève de Ruysdaël.

178. *Un paysage.* (Attribué à ce maître). — 179.

HOLBEIN (Jean), né à Basle en 1498, mort à Londres en 1554.

179. *Un portrait que l'on croit être le sien.* — 181.

JORDAANS (Jacques), né à Anvers en 1594, mort 1678.

180. *Vénus aux forges de Vulcain.* — 184.
De l'école de Jordaans.

JORDANO (Lucas), né à Naples en 1652 , mort en 1705.

181. *Tête d'une vieille.* — 12.

182. *Hercule chez Omphale.* — 38.

JOLIVARD.

183. *Un paysage.* — 69.

JOUY (Joseph).

184. *Amende honorable d'Urbain Grandier , curé de St-Pierre du Marché de Loudun , le 18 Août 1634.* — 71.

Urbain Grandier, curé et chanoine de Loudun, était fils d'un notaire de Sablé, il réunissait aux agrémens de la figure les talens de l'esprit, et surtout celui de la chaire. Ses succès excitèrent l'envie des moines de Loudun; cette envie se changea en une haine furieuse, lorsqu'il eut prèché *sur l'obligation de se confesser à son curé* au temps pascal. Grandier, applaudi par les hommes, recherché par les femmes, auxquelles il ne plaisait que trop, brava ses ennemis et les traita avec hauteur. Leur vengeance couva quelques temps pour éclater avec plus de force. Il était directeur des Ursulines de Loudun, et, s'il faut en croire le *Mercure Français*, il n'avait brigué cet emploi que pour faire de cet asile de la pudeur le centre de ses plaisirs. On dénonça ses galanteries à l'official de Poitiers, qui le priva, en 1629, de ses bénéfices, et le condamna à expier ses fautes dans un séminaire. Grandier en ayant appelé comme d'abus, fut déclaré innocent au présidial de Poitiers.

Ses ennemis toujours acharnés à le perdre, lui

suscitèrent, trois ans après, une affaire qui lui fut plus funeste. Le bruit se répandit, parmi le peuple, que les *Ursulines de Loudun étaient possédées.* Cette prétendue possession éclata vers la fin de 1632. Les ennemis de leur aumônier ne manquèrent pas de publier que c'était lui qui l'avait causée par ses maléfices. La magie était alors le crime de ceux qu'on ne pouvait accuser d'aucun autre crime. Pour perdre plus sûrement Grandier, on le noircit auprès du cardinal de Richelieu. Le célèbre père Joseph fit entendre au ministre que ce curé était l'auteur de la misérable et plate satyre, intitulée *la Cordonnière de Loudun.* Le cardinal de Richelieu, plus sensible aux libelles, que n'aurait dû l'être un grand homme, saisit évidemment cette occasion de se défaire de Grandier. Laubardemont, sa créature, et douze juges du siège voisin de Loudun, tous gens de bien, mais d'une crédulité extrême, furent chargés de lui faire son procès. On lui fit souffrir la question la plus cruelle. On le condamna à être brûlé vif, et la sentence fut exécutée en 1634.

Durant les exorcismes, on remarqua des particularités dont quelques-unes méritent d'être rapportées : A la première possession des ursulines les diables, hormis un, refusèrent de se nommer ; ils se contentèrent de répondre qu'ils étaient ennemis de Dieu. A la seconde et à la troisième, ils se firent connaître par leurs noms et dignités; ils répondaient en français bien que les exorcistes leur parlassent en latin ; aussi *Menage* dit-il que l'intelligence des langues ne se trouvait point dans les religieuses prétendues possédées. Toutefois M⁰ Séguin, médecin de Tours, rapporte quelles répondirent en langage *taupinamboux*, que leur parla le sieur *Launai Razilli*, homme savant à cette époque. L'abbé Ladvocat assure que l'on conservait encore en 1776, dans les archives de la Sorbonne, à Paris, un procès verbal de la visite que M. Des Roches, secrétaire du cardinal de Richelieu, fit aux religieuses de Loudun. On y voit clairement que ces religieuses n'étaient pas possédées, mais qu'elles savaient un peu de latin et qu'on leur faisait jouer un rôle qu'elle désapprouvaient intérieurement, quelquefois même publiquement. Ce qu'il y a de très remarquable dans cette imposture cruelle, c'est que le père *Tranquille*, capucin, poursuivant avec un zèle excessif ces exorcismes sur les ursulines, fut lui même saisi de la contagion : il devint *démonomaniaque véritable*, et mourut assez promptement dans des transports de rage.

Musée d'Aquitaine. T. 1.

KAREL DU JARDIN, né en Hollande (à Amsterdam selon quelques-uns) en 1635, mort à Venise en 1678.

185. *Grand paysage où l'on voit un taureau et diver animaux que garde une paysanne.* — 111.

KINSON.

186. *Portrait en pied de S. A. R. Mgr le duc d'Angoulème.* — 404.

KLOOMP.

187. *Etude de chèvres* — 188.

KOLEN (.....)

188. *Bords de la mer.* — 187.

LACOUR (PIERRE), né à Bordeaux en 1745, mort dans la même ville en 1814.

189. *Loth sortant de Sodome.* — 367.

190. *Le bon Samaritain; paysage.* — 368.

191. *Le portrait de Fr. Lucie Doucet.* — 392.
Donné à la ville par M.-Lacour fils.

192. *Saint-Paulin, évêque de Nôle, reçoit dans l'église des habitants qui s'y réfugient pour échapper aux Goths qui viennent de prendre la ville.* — 393.
Tableau donné au Musée par les héritiers Lacour.

193. *L'avare endormi sur son trésor, et sa femme.* — 409.

194. *Un Mendiant et sa fille.* — 410.

M. Lacour fut d'abord destiné au commerce, son goût pour la peinture lui fit abandonner cette carrière et entrer dans l'école de M. Lavau, graveur ; à l'âge de 19 ans, il se rendit à Paris ; ses progrès furent rapides, et le célèbre Vien, chez lequel il étudiait, le distingua bientôt parmi ses élèves ; c'est l'époque où il exécuta le tableau ci-dessus : *Loth sortant de Sodome.* A 24 ans, il remporta le second grand prix de peinture ; le désir ardent qu'il avait de voir l'Italie ne lui permit pas d'attendre un autre concours ; — il partit avec son compatriote et ami Taillasson, et, après avoir étudié deux ans à Rome, il revint dans sa patrie. — Son affection pour sa famille, et celle de ses nombreux amis le déterminèrent à se fixer à Bordeaux ; son séjour dans cette ville contribua puissamment a y ramener le goût et l'amour des beaux-arts ; il y forma de nombreux élèves, parmi lesquels on distingue Briant, Gué, Gassies, Allaux, Monvoisin. Dans les dernières années de sa vie M. Lacour s'était principalement adonné à peindre le paysage.

LAIRESSE (Gérard de), peintre et graveur, né à Liège en 1640 , mort à Amsterdam en 1711.

195. *Minerve déesse des arts et plusieurs génies.* — 175.

LANFRANC (Giovani), né à Parme en 1581 , mort 1647.

196. *Tête de Saint-Pierre* — 200.

LAURI (Philippe) , né à Rome en 1623; mort en 1694.

197. *Vertume et Pomone.* — 193.

LAVINIA FONTANA, née en 1552, morte à Rome en 1614.

198. *Portrait du sénateur Orsini.* — 197.

LAZARINI (GRÉGORIO), né à Villeneuve dans l'état de Venise en 1655, mort en 1740.

199. *Vénus et l'Amour jouant avec un collier de perles.* — 198.

LEGI (GIACOMO), flamand, mort vers 1640.

200. *Intérieur; gibier et comestibles, avec une figure d'un jeune homme.* — 199.

LIBERI (CAVALIERE LIBERI), né à Padoue en 1600, mort en 1677·

201. *Sainte-Appoline et un ange.* — 194.

202. *La Charité sous la figure d'une femme entourée d'enfants.* — 195.

203. *Les Grâces qui enlèvent l'Amour.* — 196.

LINGELBACK (JEAN), né à Francfort sur le Mein en 1625, mort à Amsterdam en 1687.

204. *Auberge sur une hauteur avec une couronne pour enseigne ; sur le devant des buveurs et un aveugle qui joue du violon.* — 191.

LOIR (MARIANNE).

205. *Portrait de Madame du Chatelet.* — 19.

LONSEING. Il a passé la plus grande partie de sa vie à Bordeaux.

206. *Portrait du duc de Duras.* — 364.

207. *Portrait de l'auteur par lui même.* — 411.

LOUTHERBOURG (Philippe-Jacques), né à Strasbourg en 1750; peintre et graveur.

308. *Les noyaux de cerises.* — 189.

209. *La tasse de lait volée.* — 190.

LUCAS de Réggio.

210. *L'Histoire couronnée par la Renommée.* — 192.

LUCATELLI (Andréa), né à Rome en..., mort en 1744.

211. *Grand paysage; ruines d'un temple avec figure* — 201.

MAITRES INCONNUS.

212. *Cérémonie turque; présentation d'un ambassadeur français.* — 14.

213. *Repas après la présentation.* (Pendant du précédent). — 15.

214. *David devant Saül, esquisse.* — 17.

215. *Jésus donnant les clés à Saint-Pierre.* — 18.

Nota. Derrière ce tableau, qui a servi de volet, se trouve la figure de Saint-Pierre, peinte en grisaille.

216. *Portrait de M. de Tourny.* — 408.

MAAS ou MAES (Godefroy), né à Anvers en 1660.

217. *Portrait d'un homme inconnu.* — 204.

218. *Portrait de femme.* (Pendant du précédent). — 205.

MAAS (Théodore ou Dirch), né à Harlem en 1656.

219. *Village au bord d'une rivière.* — 206.

MARANDON DE MONTYEL, de Bordeaux

220. *Vue dite des Pyrennées.* — 394.
   Donné au Musée par l'auteur.

221. *Vue dite d'Italie.* — 395.
   Envoyé par le gouvernement pour le Musée de la ville.

MARATTE (CARLE), né en 1625, mort en 1715.

222. *Tête représentant une sybille.* — 208.

MARCELLIS (OTTO ou OTTO MARSENS), né Amsterdam en 1615, mort dans la même ville en 1672.

223. *Fleurs, chardons, lézards et papillons.* — 209.

224. *Même sujet.* (Pendant du précédent). — 210

MARTINOTTI (DE CASAL-MONFERRATO), né en 1654, mort en 1694.

225. *Un Paysage.* — 216.

MAUZAISSE , élève de Vincent.

226. *La Mort de Clorinde.* — 56.

MENJAUD (ALEXANDRE), né à Paris, pensionnaire de l'Académie de France à Rome, en 1805 et 1806.

227. *S. A. R. Mgr le duc d'Angoulème reçoit cheva-valier de Saint-Louis, un officier blessé à l'attaque du pont de la Drôme.* — 64.

228. *S. A. R. Madame la duchesse d'Angoulème, au lit de mort de l'abbé Edgeworth de Firmond, dernier confesseur de Louis XVI.* — 65.

MEYNIER , élève de Vincent.

229. *Erato et l'Amour.* — 215.

MIEL (Jean), né à Maenderen ou Vlaenderen, près d'Anvers en 1599, mort à Turin en 1664.

230. *Paysage dans lequel on voit beaucoup de figures et un moine.* — 221.

MIERIS le fils (Guillaume-Van), né à Leyden en 1662, mort en 1747.

231. *Un portrait.* — 224.

MIAILHE , de Bordeaux.

232. *Vue prise à Sassenage.* — 352.

233. *Vue d'un moulin à eau.* — 353.

234. *Vue prise du sommet de Mont-Bretagne, près Marseille.* — 354.

MIGNARD (Pierre), né à Troye en 1610, mort à Paris en 1695.

235. *Portrait d'un guerrier ressemblant à Louis XIV* — 20.

236. *Le portrait de Louis XIV.* — 339.

MILLET (Jean-François dit Francisque-Millet), né à Anvers en 1645, mort à Paris en 1680.

237. *Paysage avec ruines.* — 223.

MOLENAER (Corneille), né à Anvers en 1555.

238. *Un paysage avec un pont et une auberge, ciel orageux.* — 217.

239. *Paysage dans lequel on voit des faucheurs.* 218

MOMMERS.

240. *Marché aux herbes.* — 211.

MOMPERS ou MOMPÈRE (Jodocus ou Josse de)

dit Eervruyt, né à Anvers en 1580, travailla
et mourut dans sa patrie.

241. *Paysage, pays montagneux.* — 219.

242. *Paysage* (pendant du précédent). — 220.

MONTI (Francesco), élève de Joseph del Sole.

243. *Etude finie des deux enfants qui ont été placés
dans le tableau du Rosaire, peint par le Dominicain.* — 214.
Attribué au Dominicain même dans un précédent
Catalogue.

MONVOISIN (Quinsac), né à Bordeaux, élève
de M. Lacour père et de Vincent.
Pensionnaire du gouvernement à Rome en 1824
et 1825.

244. *Jésus guérissant un possédé.* — 58.

MOLYN (Pierre de), fils de Pierre Molyn le
Vieux, né à Harlem en 1643.

245. *Un champ de blé.* — 207.
Ce tableau est dans le genre de Van-Goyen.

MOUCHERON (Frédéric), né à Embden en
1658, mort à Amsterdam en 1686.

246. *Maison de campagne au bord de l'eau.* — 212.

247. *Route dans un pays montagneux.* — 213.

MURILLO (Bartholomé Estéban), né à Pinos,
près de Séville, en 1613, mort à Séville en 1685.

248. *Des enfants qui se battent.* — 222.

NAVOLINI (Francesco).

249. *La Résurrection.* — 225.

250. *L'Ascension. — 226.*
Pendant du précédent.

OBERTHO (ALEXANDRE).

251. *Tête de Sainte-Catherine. — 227.*

OTTO-VENIUS ou VOENIUS (ou OCTAVIO VAN VEEN), né à Leyde en 1556, mort à Bruxelles en 1634.

252. *Le mariage de Sainte-Catherine. — 321.*

253. *Une tête de femme. — 21.*

PADOVANINO (ALEXANDRE VORATORI, dit LE PADOUAN), né à Véronne, en 1590, mort en 1650.

254. *Une tête colossale. — 240.*

255. *Autre idem. — 241.*

PALAMEDESZ (STEVERS), né à Londres en 1640

256. *— Réunion de famille et concert. — 238.*

PALLIERE (LÉON), né à Bordeaux en 1787, mort ,dans la même ville en 1820, élève de Vincent.

257. *Un Berger en repos, étude peinte à Rome.—59.*

258. *Tobie rendant la vue à son père. — 60.*

PALME (JACOPO, dit LE VIEUX), né à Farinatto, en 1540, mort en 1588.

259. *La Vierge, l'enfant Jésus, Sainte-Catherine,*
Saint-Paul, Saint-Jean, Saint-Jérôme.—235

260. *Portrait d'un noble vénitien. — 236.*

PALME (JACQUES), neveu du précédent, né à Venise en 1544, mort en 1628.

261. *Suzanne et les vieillards. — 237.*

PANINI (Giampolo), né en 1691 , mort à Rome en 1764.

262. *Ruines d'un temple, avec figures. —* 228.

263. *Ruines avec figures, dont une est armée.—* 229.

PAROCEL (Joseph), né à Brignole, en Provence, en 1648 , mort en 1704. — ou PAROCEL (Ignace), son fils aîné, mort en 1722.

264. *Josué arrêtant le Soleil. —* 232.

PAUL POTTER , ou sous ce nom.

265. *Un troupeau; copie. —* 239.

Le PERUGIN (Pierre Vannucci, dit), né à Péruse en 1446 , mort dans la même ville en 1524.

Le Pérugin était né dans la pauvreté, un grand nombre d'ouvrages et une grande économie le mirent dans l'opulence ; mais trop attaché à son argent l'avarice l'empêcha d'en jouir autant qu'il l'aurait pu : il ne s'écartait point de sa maison que sa cassette ne le suivit ; tant de précautions lui furent préjudiciable, car un filou s'en étant aperçu, l'attaqua en chemin et lui déroba son trésor, dont la perte lui causa peu de temps après la mort. Les tableaux de Pérugin , quoique dans un style gothique , ne manquent point de correction et d'une certaine grâce naïve qui les fait étudier avec plaisir. Cependant, ce qui a le plus contribué à la gloire du Pérugin, est d'avoir eu le célèbre Raphaël pour disciple.

266. *La Vierge, Saint-Augustin, Saint-Jérôme.—* 22

PIETRO di CORTONE (voyez ci-dessus , n° 79).

267. *Le Veau d'or. —* 242.

268. *Saint-Nicolas. —* 243.

PHILADELPHE (Martineau), de Bordeaux.

269. *Intérieur d'un couvent. — 355.*

POLLEMBOURG (Corneille), né à Utrech en 1586, mort en 1660.

270. *Un paysage dans lequel on voit un religieux à genoux. — 362.*

PORDENONE (Licinio), neveu de Jean-Antoine Pordenone, mort à Ausbourg en 1561.

271. *Jésus endormi et deux anges. — 233.*

272. *Portrait de la femme du doge Giustiniani.—234.*

POUSSIN (Nicolas), né dans la ville d'Andely en 1594, mort à Rome en 1665.

Le Poussin avait trente ans lorsqu'il se rendit à Rome; il y était fixé depuis seize ans, lorsque le cardinal de Richelieu engagea Louis XIII à le rappeler, en 1640, pour peindre la galerie du Louvre. On aurait eu assez de peine à le faire sortir de cette ville sans M. de Chantelou, qui, par ordre du ministre, alla le chercher exprès. M. Du Noyer envoya au devant de lui à Fontaibleau un carrosse du roi, qui l'amena à Paris, où on le logea au Louvre. Quelques jours après, il se rendit à Saint-Germain-en-Laye. Sa Majesté fit au Poussin un accueil des plus gracieux, il lui confirma par un brevet en 1641, la qualité de premier peintre, avec une pension de trois mille livres et son logement au Louvre. (Voyez ci-dessus le tableau d'Ansiaux, n° 6.)

La galerie de ce palais devait représenter les travaux d'Hercule, mais le Poussin trouva trois envieux à combattre : Le Mercier, premier architecte du roi; Vouet, qui était en grande réputation; et Fouquières, fameux peintre flamand. (Voyez ci-dessus n° 146). Il fit des mémoires pour se défendre de leurs calomnies et justifier son ouvrage. Enfin, las de toutes ces disputes, il s'en retourna à Rome, en 1642, sous prétexte de faire venir sa femme en France. Richelieu étant mort en 1643, et Louis XIII cinq mois après, les démarches pour faire revenir le Poussin à Paris furent abandonnées, mais Louis XIV (voyez le n° 245), lui conserva le titre de son premier peintre avec les mêmes appointements , et lui fit payer ses pensions.

Le Poussin avait épousé une romaine sœur de Guaspre.

273. *Sainte Famille.* — 23. — Ancienne copie.

274. *Un berger qui garde un troupeau.* — 245. — (Attribué.)

275. *Sacrifice au dieu des Jardins.* —246. (Copie.

POUSSIN (Guaspre Dughet), né à Rome , en 1615, originaire de Paris , mort en 1675.

Beau-frère du Poussin.

276. *Un paysage.* — 247.

PROCACCINI (Guilio-Cesare), né à Bologne , en 1548 , mort à Milan en 1626.

277. *Un marchand d'esclaves , près d'une fontaine , vend une femme à un homme richement vétu, et dont le costume est grec.* — 230.

PROCACCINI (Camille), né à Bologne en 1546.

278. *Salutation angélique.* — 231.

PTEUMANN.

279. *Objets inanimés , près d'une tête de mort placée sur une table.* — 244.

PUYRENIER (Lila), de Bordeaux.

280. *Vue d'une ferme à Blanquefort.* — 356.

281. *Vue d'une autre ferme, près de Bordeaux.* 357

QUERFURT (Auguste), né à Wolfenbuttel en 1696, mort à Vienne en 1761. — ou de DEMARNE.

282 *Retour de la chasse.* — 248.

RAMADE (Eugène), de Bordeaux.

283. *Intérieur de l'église de La Réole.* — 358.

D'après RAPHAEL (Sanzio), né à Urbain en 1483, mort à Rome en 1520 ; élève du Perugin.

Voyez le N.º 275.

284. *Copie ancienne et en tapisserie d'un carton composé par Raphaël et duquel il a pris la célèbre madone Della Sédia qui est dans la galerie de Florence.* — 46.

RAOUX (Jean), né à Monpellier en 1677, mort à Paris en 1734.

285. *La Vestale; portrait de Mlle Perdrigeon.* — 365.

Un double ou plutôt la copie de ce tableau existe au Musée de Versailles ; il a été gravé.

RESTOUT (Jean), né à Rome en 1692, mort à Paris en 1768.

286. *La présentation de Jésus au temple.* — 39.

287. *Le prophète Eséchiel ; il écrit sur une table ce passage de ses prophéties :* PORTA HŒC CLAUSA ERIT. Ch. 44. v. 2. — 40.

Restout perdit son père fort jeune et vint à Paris étudier dans l'école de Jouvenet, son oncle. Outre que son génie le portait aux grands sujets, la qualité d'élève de Jouvenet lui avait donné de la prédilection pour le genre noble et sérieux de cet illustre artiste, et il le secondait dans ses grands ouvrages.

REMBRANT (Paul Rembrant Van-Ryn) , né en
4606, près de Leyde , mort en 1674.

288. *L'adoration des bergers.* — 251.
Ce tableau est très beau ; néanmoins on le croit
de Dietrich, dans la manière de Rembrant.

289. *Uue tête de nègre.* — 252.

RIBERA (Joseph, dit l'Espagnolet), né en 1588,
à Xativa, dans le royaume de Valence , mort à
Naples en 1656.

290. *Réunion de philosophes.* — 185.

291. *Assemblée de religieux.* — 186.
Nota. Ces tableaux ont été attribués dans un
catalogue manuscrit et primitif à Lucas Jordano.

RICCI (Sébastien), né à Bettune dans les états de
Venise en 1659, mort à Venise en 1734.

292. *L'Amour jaloux de la Fidélité. Vénus caresse
un chien que l'Amour tient en laisse et qu'il
tire vers lui.* — 255.

RICCI (Marco), neveu de Sébastien Ricci , né à
Bettune en 1679 , mort à Venise en 1726.

293. *Saint-Antoine invoquant la Vierge* — 256.

294. *Saint-Paul et Saint-François. (Pendant du
précédent).* — 257.

ROBERT (Hubert), né à Paris en 1755, mort
dans la même ville en 1808.

295. *Ruines avec figures.* — 258.
296. *Ruines avec figures (Pendant du précédent).*
— 259.

RODE et DUBOIS, peintres du grand Frédéric.
297. *Le baptême de l'Eunuque.* — 254.

ROMBOUT (Théodore), né à Anvers en 1597 , mort en 1640.

298. *Une forêt où l'on voit un homme à cheval.* 249.

299. *Autre forêt.* (Pendant du précédent) — 250.

ROOS (Philippe, dit Rosa de Tivoli, et fils d'Henri Roos), mort à Rome en 1705.

300. *Ruines d'un temple de Minerva Medica à Rome.* — 260.

301. *Ruines ; une femme conduisant un troupeau.* — 261.

ROSAALBA CARRIERA, née à Venise en 1672, morte dans la même ville en 1737.

302. *Une tête de femme qu'on croit être son portrait.* — 253.

Rosa Alba abandonna la peinture à l'huile pour la miniature et le pastel. Elle était membre des académies de peinture de Rome , de Florence , de Bologne et de Paris.

ROSARIO WEISS (Maria del) , nièce du célèbre Goya, née à Madrid , et morte jeune dans la même ville.

Rosario appartient à Bordeaux comme artiste. Elève de M. Lacour fils.

303. *Une sylphide ; portrait très ressemblant de l'auteur.* — 363.

ROSA SALVATOR ou SALVATORIEL , né aux environs de Naples en 1615 , mort à Rome en 1673.

304. *Un paysage.* (Attribué à ce maître.) — 262.

305. *Repos de soldats au pied d'une tour.* — 263.

Ce tableau a été attribué à Velasquez dans un

catalogue manuscrit de M. de Lacaze.

Salvator était peintre, poète et musicien. Ses satyres ont été imprimées plusieurs fois et sesgravures ont été souvent copiées.

RUBENS (PIERRE PAUL), né à Cologne 1577 , et mort à Anvers en 1640.

306. *Le martyre de Saint-Georges.* — 24.

307. *Le Christ en croix.*—25. (Attribué à Rubens).

308. *Chasse aux lions.* — 41.

309. *Son portrait.*—47. (Copié par Cosson en 1785).

310. *Bacchus et Ariane.* -- 264.

Rubens était originaire d'Anvers d'une famille considérable ; son père était conseiller du sénat d'Anvers. A 23 ans, il fit le voyage d'Italie où il demeura 7 ans. — Sa réputation engagea la reine Marie de Médicis à le faire venir à Paris pour y peindre la galerie de son palais du Luxembourg : elle est composée de 24 tableaux. — Rubens était aussi propre aux affaires qu'à la peinture ; il fut employé en plusieurs négociations chez les Hollandais; on le nomma ambassadeur auprès de Charles 1er, roi d'Angleterre, il réussit à conclure un traité de paix entre l'Angleterre et l'Espagne ; il reçut de Charles 1er des présents considérables et fut fait chevalier. Ce prince, en présence du parlement, lui donna son épée et un diamant qu'il tira de son doigt.

Ses divers voyages en Espagne, pour rendre compte de ses négociations lui attirèrent de même l'estime de Philippe IV, qui le fit aussi chevalier, lui donna la clé d'or , et le nomma secrétaire du conseil d'état dans les Pays-Bas. — Rubens était un génie extraordinaire , — malgré ses voyages et la charge de secrétaire qu'il exerça à son retour de Flandre, peu de peintre ont laissé autant d'ouvrages que lui; la vaste étendue de son génie suffisait à tout. Il savait six langues et il se servait de la latine pour écrire aux savants et pour faire ses observations sur la peinture.

RUYSDAAL (Jacques), né à Harlem en 1640, mort à Amsterdam en 1681.

311. *Paysage; entrée d'une forêt, avec des animaux.* — 265.

312. *Autre; un arbre au milieu du tableau.* — 266.

313. *Autre; entrée d'un bois.* — 267.

314. *Paysage; entrée d'un bois où l'on voit un berger au repos.* — 268.

RUYSDAAL (Salomon), frère aîné de Jacques, ou Jacob Ruysdaal, mort à Harlem en 1670.

315. *Repos de moissonneurs.* — 269.

SABBATINO (Laurenzo, dit Laurenzo de Bologne), mort à Rome en 1577.

316. *Une sainte famille.* — 273.

SACCHI (Francesco di Pavia).

Il y a plusieurs peintres de ce nom, on confond souvent leurs ouvrages.

317. *Adam et Eve.* — 270.

SAUVAGE, peintre contemporain de J. M. Vien, mort au Louvre vers la fin du 18me siècle.

318. *Un bas relief.* — 271.

SAVOYEN (ou C. V. Savoy), vers l'an 1680.

319. *Vénus et l'Amour sur un dauphin.* — 272.

SCHIAVONE (ANDRÉ ou MELDOLLA), né Sebenigo, en Dalmatie, en 1522, mort à Venise en 1582.

320. *Des italiens se battent à coups de poignard.* —274.

321. *Un professeur et ses élèves.* — 275.

On dit que le Tintoret avait toujours un tableau de Schiavone devant les yeux lorsqu'il peignait ; son style et son goût de couleur lui plaisaient ; mais il n'en était pas de même de son dessin.

SECHER (les deux frères, GÉRARD et DANIEL), nés à Anvers, Gérard en 1589 et Daniel en 1590.

Daniel se fit jésuite, il peignait le paysage et les fleurs dans les tableaux de son frère.

322. *Portrait d'un moine, entouré d'une guirlande de fleurs.* — 276.

SEMENTI (GIO GIACOMO), de Bologne, né en 1580.

Elève de Denys Calvart et du Guide ; il mourut jeune.

323. *Samson et Dalila.* — 277.

SNEYDERS (FRANÇOIS), né à Anvers en 1579, mort en 1657.

324. *Un Lion mort.* — 389.

325. *La chasse au renard.* — 390.

326. *Chasse au sanglier.* — 371.

Ces tableaux font partie des tableaux donnés à la ville par F. L. DOUCET, de Nantes.

SOLIMÈNE (FRANÇOIS), né à Nocera de Pagani, dans le territoire de Naples en 1657, mort en 1747.

327. *Joseph dans la prison.* — 26.

44

SPADA (Léonello), né à Bologne en 1576, mort
en 1622.

328. *Les quatre âges de la vie. —* 278.

SPIERINGS (N.).

Ce peintre dont on connaît peu la vie a travaillé
pour Louis XIV.

329. *Paysage , un pays montagneux , des plantes ,
un tronc d'arbre sur le devant, dans le fond
deux pêcheurs. —* 279.

STORCH (Abraham), né à Amsterdam en 1650,
mort en 1708.

330. *Vue d'un palais de Venise. —* 280.

331. *Vue de Venise.—*281. (Pendant du précédent).

TAILLASSON, né à Blaye en 1746, mort à Paris
en 1809.

Taillasson est du petit nombre des artistes dis-
tingués dont Bordeaux peut à juste titre se glorifier.
Il était le petit fils d'un nommé Leblond, peintre
bordelais assez distingué dans son temps. Le jeune
Taillasson entra dans l'atelier du célèbre Vien, à la
même époque que M. Lacour père , et ils y étaient
condisciples de Vincent et de David. Ces deux artistes se lièrent de l'amitié la plus intime ; ils ha-
bitèrent constamment ensemble pendant leur séjour
à Paris, et ne se séparèrent même pas en Italie.
Taillasson était encore à Rome, lorsqu'en 1774 il
fut nommé associé à l'Académie de peinture de
Bordeaux, honneur que méritaient ses talents , et
qui lui fut décerné dans les termes les plus hono-
rables, sur la présentation de M. Lamothe , alors
secrétaire de cette compagnie, avocat au parlement,
et l'un des notables de Bordeaux.

Il est peu connu dans cette ville , parcequ'il ha-
bita toujours la capitale. Un esprit sage, des mœurs

simples et un caractère aimable , rendaient cet artiste cher à tous ceux qui avaient le bonheur de le connaître ; il ne fut cependant pas heureux et il mourut dégoûté de la vie ; ses talents et son travail opiniâtre n'avaient pu la lui rendre agréable. Son excessive timidité nuisit beaucoup à sa réputation. M. Taillasson cultivait les lettres , elles étaient son seul délassement. On a de lui plusieurs morceaux de poésie, parmi lesquels on remarque un poème *Sur le danger des règles dans les arts.* Mais l'ouvrage qui fait le plus d'honneur à Taillasson, comme homme de lettres , c'est son recueil d'observations sur quelques grands peintres , imprimé à Paris en 1807, un volume in–8°.

332. *Elisée étant mort, des Israélites jettent par mégarde le corps d'un homme mort sur les ossements de ce prophète, cet homme les ayant touché, dit l'Ecriture (2 rois, ch. 13) revécut et se leva sur ses pieds. —* 375.

TAVELLA (C. Antoine), peintre Milanais.

333. *Magdelaine dans une grotte. —* 282.

334. *Magdelaine et deux anges. —* 283.

TEMPESTE (Antoine), peintre et graveur , né en 1555, mort en 1630.

335. *Vue d'Italie, un berger. —* 284.

336. *Autre vue d'Italie. —* 285.

Pendant du précédent.

TENIERS (David), né à Anvers 1610, mort à Bruxelles en 1694.

337. *La lecture diabolique, un paysan sorcier évoque le diable. —* 286.

Tableau gravé par le Bas.

338. *Danse de villageois. —* 287.

TENIERS (David), le père.

339. *Un paysage. —* **288.**

TIARINI (Alexandre), né à Bologne en 1577, mort en 1668.

340. *Vision de la Vierge. —* **289.**

TIEPOLO (Jean-Baptiste), né à Venise en 1697, mort à Madrid en 1770.

341. *Rachel, et Eliezer, serviteur d'Abraham.—***290.**

TIBALDI (Pelégrinus Pélégrini de Bologne, dit Tibaldi), né à Bologne ; ou selon d'autres dans le Milanais vers l'an 1522, mort à Milan en 1592

342. *Neptune sur un char, entouré de tritons et traîné par des dauphins —* **291.**

TINTORET (Dominique), fils de Jacques Tintoret, mort à Venise en 1657, à 75 ans.

343. *Portrait d'un noble vénitien. —* **292.**

TINTORET (Marie), sœur de Dominique et fille de Jacques Tintoret, morte à 30 ans, en 1590.

344. *Le procurateur de Saint-Marc-Capello, portrait avec des mains. —* **295.**

TITIEN (Vecelli de Cadora), né à Cadora, dans le Frioul en 1477, mort de la peste en 1576.

Le Titien montra dès son enfance une forte inclination pour son art, il entra à l'âge de dix ans chez Gentil, et ensuite chez Jean Bellin où il demeura longtemps. La réputation du Giorgion (voy. n° 169) excita son émulation, il se lia d'une étroite amitié avec lui, devint son disciple, et se mit bientôt en état de balancer son maître. Le Titien avait un talent singulier dans le portrait , les grands et les souverains ambitionnaient d'être peints de la main de ce grand homme. Charles-Quint se fit peindre jusqu'à trois fois par lui. Ce prince le combla de biens et d'honneurs ; il le fit chevalier. comte palatin et lui assigna une pension considérable. Un jour que cet empereur le regardait peindre , l'artiste animé par la présence du monarque , laissa tomber un de ses pinceaux , que le prince ne dédaigna pas de ramasser. Le Titien confus , lui fit toutes les excuses qu'il lui devait ; Charles-Quint , sans croire déroger à sa grandeur , lui répondit gracieusement *que Le Titien méritait d'être servi par César* (voy. le tableau n° 22). Un telle considération lui fit des jaloux auprès de cet empereur. Ce fut à ces sortes de gens que ce prince répondit *qu'il pouvait faire des ducs et des comtes; mais qu'il n'y avait que Dieu qui put faire un homme comme Le Titien.*

345. *La Magdelaine. —* 27.

346. *Tarquin et Lucrèce. —* 42.
Tableau bien original, mais fatigué; il a été gravé

347. *La Femme adultère. —* 43.
Beau tableau, qu'on pourrait aussi attribuer à Paul Veronese.

348. *Vénus soufflant le feu de de l'amour. —* 49.

349. *Galatée sur une conque marine, entourée de tritons et traînée par des dauphins. —* 293.
Beau tableau.

350. *Repos de la sainte famille, avec paysage.—*294.

THOMIR, peintre bordelais.

351. *Son portrait. —* 379.
Ce tableau vient de l'ancienne Académie de peinture de Bordeaux.

TORENVLIET (Jacques), né à Leyden en 1641 , mort dans la même ville en 1719.

352. *Un buveur.—*296.

353. *Une buveuse.* — 297.

TREVISAN (FRANÇOIS) , né à Capo d'Istria, près
de Trieste en 1656, mort à Rome en 1746.
354. *Tête de Vierge.* — 28.

TEEZEL (FÉLIX).
355. *Les adieux d'Hector et d'Andromaque.* — 62.
356. *Médée abandonnée par Jason.* — 63.

TURNUS (JOVANI).
357. *Un vase de fleurs.* — 360.

VAEL ou WAEL (CORNEILLE DE) né en 1594, mort
en 1662.
358. *La Bénédiction nuptiale.* — 316.

VANDER-DOES (JACOB) , né en 1615 , mort en
1675.
359. *Berger et troupeau; effet du soir.* — 308.
360. *Tableau d'animaux; effet brumeux et du matin.*
(Beau tableau.) — 420.

VANDER-KABEL (ADRIEN , appelé quelquefoïs
par abbréviation ARI) , né près de La Haye en
1631, mort à Lyon en 1695.
361. *Des poissons.* — 307.

VANDER-MEULEN (ANTOINE-FRANÇOIS) , né à
Bruxelles en 1634, mort à Paris en 1690.
362. *Un prince à cheval, il tient le baton de maré-
chal.* — 309.

VANDER-NEER (Arnould), père d'Eglon Vander-Neer.

363. *Clair de lune; esquisse.* — 303.

VANDYCK (Antoine), né à Anvers en 1599, mort à Londres en 1641 , élève de Rubens.

Vandyck, fils d'un peintre sur verre, partit pour l'Italie à l'âge de vingt ans; devenu passionnément amoureux d'une jeune paysanne des environs de Bruxelles, il s'arrêta dans cette ville, y peignit une *sainte famille* pour l'église du village de Savelthem, et représenta celle qu'il aimait sous les traits de Marie. Il la quitta pourtant, parcourut l'Italie, revint à Anvers où il fit plusieurs tableaux, vint en France et fit plusieurs voyages en Angleterre; il y fut honoré, chéri par le roi Charles Ier, et y peignit un grand nombre de portraits. Vandyck devint fort riche; mais il vit en peu de temps s'évanouir par le creuset des alchimistes l'or qu'il avait créé par son pinceau. Malgré ses dépenses excessives et ses folies de grand œuvre, on lui trouva encore après sa mort cent mille ripdales ou pièces de huit.

Les caractères distinctifs de Vandyck, sont, dit Taillasson (voy n° 341), une couleur parfaite, une manière de peindre spirituelle et facile, un clair obscur d'autant plus étonnant que l'art s'y montre moins, et ce qui le distingue principalement encore c'est d'avoir réuni la grâce à l'énergie.

364. *Portrait en pied de Marie de Médicis.* — 31.

365. *La Vierge, l'enfant Jésus, des anges et Saint-François à genoux.* — 44. — Copie.

366. *Portrait de Charles Ier, duc de Bavière, et de Robert, son frère.* — 50.

Copie d'un tableau qui est au Musée du Louvre.

367. *Petit portrait d'homme.* — 305.

368. *Renaud et Armide.* — 306.

VAN-EECKHOUT (Gerbaut-Vander), né à Amsterdam en 1621, mort en 1674.

369. *Un jeune homme jouant de la flûte — 312.*

VAN-HAALZ (François), né en 1584, mort en 1666.

370. *Son portrait, il a une main sur sa poitrine.310.*

VAN-KESSEL (Jean), le père, né à Anvers èn 1626, mort dans la même ville en....

371. *Une table couverte de fruits, un crabe, un citron pelé. — 311.*

372. *Tableau de fleurs groupées autour d'un bas-relief qui représente des enfants. — 417.*

VANNI ou VANNIUS (François), né à Sienne en 1565, mort dans la même ville en 1609.

373. *Saint-Pierre reniant son maître. — 324.*

VAN-THILBOURG (Gilles ou Eglon), né à Bruxelles en 1625.

374. *Des paysans flamands qui jouent aux dés. 313.*

VAN-THULDEN (Théodore), né à Blois-le-Duc en 1607, mort dans la même ville.

375. *Descente de croix, d'après Vandick. — 315.*

VAN-VLIET (Jean-Georges), né en Hollande, vers 1608.

376. *Intérieur d'un temple protestant. — 314.*

VECCHIO (Pietro), de Venise, né en 1620, mort en 1677.

377. *Portrait d'un docteur. — 318.*

VERONÈSE (Paul Caliari), né à Vérone en 1532, mort à Venise en 1588.

378. *L'Adoration des mages.* — 29.

379. *La Femme adultère.* — 30.

    Pendant du précédent.

380. *Tête de vieillard.* — 319.

381. *Vénus à laquelle l'amour présente un miroir.* 320

    Des doubles de ce tableau se trouvent au musée de Madrid et dans la galeries de l'Hermitage.

VINCENT (François-André), né à Paris en 1746, mort dans la même ville en 1816.

    Elève de Vien, — et maître d'Andrieu (n° 6), de Pallière Léon (n° 266 et 267), de Monvoisin (n° 253), de Heim (n° 185), de Mauzaisse (n° 56 , de Meynier (215).

382. *La leçon de labourage.* — 340.

VILLEMANS.

383. *Portrait d'une personne inconnue, représentée sous les attributs de David vainqueur de Goliath.* — 322.

VOLLERT.

384. *Vue des bords du Rhin.* — 325.

VAROTARI (Alexandre), né à Vérone en 1590, mort en 1650.

385. *La Vierge et l'enfant Jésus.* — 317.

VERTANGEN.

386. *Des nymphes au bain.* — 323.

    Nota. Dans un catalogue imprimé, ce tableau est

attribué à Lagrenée. Dans un premier catalogue manuscrit, il l'était à Boucher.

WALKERT (Robert), né à Sommerset en 1572.
Peintre et graveur.

387. *Le Portrait d'Olivier Cromwel.* — 328.

WATERLOO (Antoine), né à Utrech en 1618 , mort en 1660.
Peintre et graveur.

388. *Paysage brumeux, commencement de neige.* **327**

WEENIX ou **WEENINX** (Jean) , né en 1644 , mort en 1719.

389. *Gibier mort.* — 331.

390. *Nature morte.* — 332.

391. *Autre idem.* — 333.

392. *Autre idem.* — 334.

393. *Différents objets sur une table.* — 335.

WEENIX ou **WEENINX** , le père , né en 1621 , mort en 1660.

394. *Une marine.* — 336.

395. *Un paysage.* — 337.

WILLE (P. A.).

396. *Tête de femme.* — 361.

WRIES (Jean-Renier de)

397. *Un paysage.* — 326.

WYCK ou **STEENWICK** (Henri), né en Hollande en 1589 , mort en Angleterre en....

398. *Intérieur d'une église.* — 329.

WOUWERMANS (Pierre), frère du célèbre Philippe Wouwermans , mort en 1668.

399. *Des cavaliers.* — 330.

Dans un catalogue imprimé, ce tableau est attribué à Querfurt (voyez le nº 291.)

ZANCHI (Antonio d'Este), né en 1639 , mort en 1722.

400. *Le bon samaritain.* — 338.

ZOFFANI ou ZAUFFELY (Jean), né à Ratisbonne

Il a travaillé en Italie ; membre de l'Académie de Londres, florissait dans cette ville en 1750.

401. *Vénus sur les eaux.* — 381.

402. *Vénus endormie et Adonis.* — 382.

Dans le catalogue imprimé , ces tableaux sont dits de l'école de Natoire ; donnés à la ville par M. Doucet avec les autres tableaux de son cabinet. (voyez les nºˢ 180, 181, 182, 183, 122, 134, 333, 334 et 335. M. Doucet a laissé de plus à l'école gratuite de dessein de la ville une rente de *cinq cents francs*, qui a été employée en partie depuis 1817 , à la fondation d'une bibliothèque de gravures, de livres d'art ou utiles aux arts.

PELLEGRINI , en 1805.

403. *Portrait en pied de Madame la duchesse d'Abrantès.* — 406.

Tableau donné au Musée de la ville en 1846, par Mᵐᵉ la comtesse de Puteau.

404. *Marie-Amélie , épouse de Louis-Philippe , et reine des Français, visitant les malades dans l'hôpital de Paris ; elle est accompagnée des princesses et des princes ses enfants.*

Par M. Gaminade.

N.......
405. *Portrait en pied, — grandeur naturelle, — de Charles X. — 412.*

N.........
406. *Portrait en pied, — grandeur naturelle, — de Louis XVIII. — 413.*
407. *Autre idem. — 402.*

LE THIERS, ancien directeur de l'Académie des Beaux-Arts, à Rome.

408. *Saint-Louis visite les pestiférés dans les plaines de Carthage. — 66.*

MAITRES INCONNUS.

409. *Paysage, une forêt.* Tableau signé J. L. —182.
410. *Perdrix suspendue.* Ce tableau est signé Roye. — 183.

LOTH (CARLO), né à Venise en 1611, mort en 1685
411. *L'amour se mordant les doigts. — 202.*
412. *Buste de Condotière. — 203.*

VAN-GOYEN (JEAN), né à Leyde en 1594, mort à La Haye en 1656.

413. *Maison au bord de l'eau, avec une barque de pêcheur. — 298.*
414. *Un paysage. — 299.*
415. *Champ moissonné. — 300.*
416. *Paysage, bâtiment sur le bord d'une rivière. — 301.*
417. *Grand paysage, avec figures peintes par Teniers. — 302.*

VANDERNEER (voyez ci-dessus le no 372.
418. *— La pêche. — 304.*

VAN-LOO (ANDRÉ-CARLE), né à Nice en 1705,
mort à Paris en 1765.

119. *Auguste reçoit les ambassadeurs de plusieurs
peuples barbares, qui lui envoyent des femmes
en otages. — 359.*

Ebauche d'un tableau qui devait être exécuté pour
la Chambre des Comptes, à Aix, en Provence.

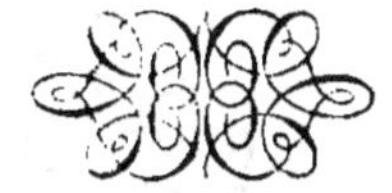

BUSTES ET STATUES.

420. MILON DE CROTONE, statue en bronze, demi-nature, par *Pierre Pujet* de Marseilles, né en 16 22.

421. MICHEL MONTAIGNE, buste en marbre, par *Deseine*, ancien pensionnaire de l'académie de France, à Rome.

422. LOUIS-PHILIPPE, buste en marbre, par *M. Maggesi*, statuaire de la ville.

423. FERD. PHILIP. LOUIS CHARLES HENRI, duc d'Orléans, mort par accident en **1842**, buste en marbre, par *M. Maggesi*.

424. MICHEL MONTAIGNE, statue demi-nature, en marbre, par *M. Maggesi*.

425. LE GENIE DE LA SCULPTURE, grandeur nature et en marbre, par *M. Maggesi*.

426. LE GIOTO, statue en marbre par le même; donné à la ville par M. Fieffé, membre du conseil municipal.

427. GUILLAUME-TELL, petite tête en pâte de porcelaine, — donné par M. L. Doucet, de Nantes. (V. au N.º 411.)

428. NAPOLÉON, empereur des Français, buste en marbre par Bartholini ou sur un modèle de cet habile maître.

429. BUSTE EN MARBRE d'un ingénieur, contemporain de *Vauban*.

330. Petit modèle en bronze de la statue de LOUIS XV, par *Lemoine*, telle qu'elle était autrefois en grand sur la place royale de cette ville.

431. PHOCION, statue en marbre, par *F. Delaistre*.

432. APOLLON, statue en marbre, par *Lemot*.

433. CYDIPPE, statue en marbre, par *Mansion*.

434. EURIDICE, statue en marbre par *Le Gendre Hérald*. — La main droite de cette figure a été brisée dans l'envoie par vice de l'emballage.

STATUES ET BUSTES EN PLATRE,

moulés sur l'antique.

—

435. *L'Apollon du Belvédère.*

436. *Le Gladiateur de la villa Borghèse*

437. *Le Germanicus.*

438. *Achille.*

439. *L'Antinoüs.*

440. *Le faune Borghèse.*

441. *Bacchus.*

442. *Cérès.*

443. *Silène et le petit Bacchus.*

443. *La Pallas de Velletri.*

445. *Euripide assis.*

446. *Diane chasseresse.*

447. *Polymnie.*

448. *Autre Cérès.*
449. *Diane ajustant sa chlamide.*
450. *Julie.*
451. *Le Génie suppliant.*
452. *Euterpe.*
453. *Vénus accroupie.*
454. *Le Tireur d'épine.*
455. *L'Hermaphrodite.*
456. *Jason.*
457. *Le Discobole.*
458. *Le Gladiateur de la villa Borghese.*
459. *Esculape et Telesphore.*

460. *Le Laocoon.*
461. *Les Lutteurs.*
462. *Castor et Pollux.*

463. *Le Torse Antique.*
464. *Celui de la Vénus de Milo.*
465. *Celui de Laocoon.*
466. *Torse de Femme inconnu*
467. *Autre inconnu.*

468. *Alexandre-le-Grand.*
469. *Rome Colossale.*
470. *Ajax.*

471. *Le combat d'Hercule et d'Apollon pour le trépied de Delphes.*

472. *Trois prétresses et un prétre de Bacchus.*

473. *Le Combat des Amazones.*

474. *Latone, Diane et Apollon.*

475. *Jupiter, Junon et Thétis.*

476. *Ulysse consultant Tirésias.*

477. *Une Bacchante.*

478. *Les Trois provinces.*

479. *Les Muses.*

480. *Victoire Choragique avec Bacchus et Diane.*

481.
482 *Deux parties du combat des Amazones*

NOTA. Les chiffres marqués d'un —, à la fin de chaque explication de tableau, renvoient au catalogue manuscrit des objets d'art qui appartiennent à la ville.

FIN.

Bordeaux. Imp. de Mad. v. N. Duviella,
63, rue Porte-Dijeaux.